D1747465

Het kind in de kribbe

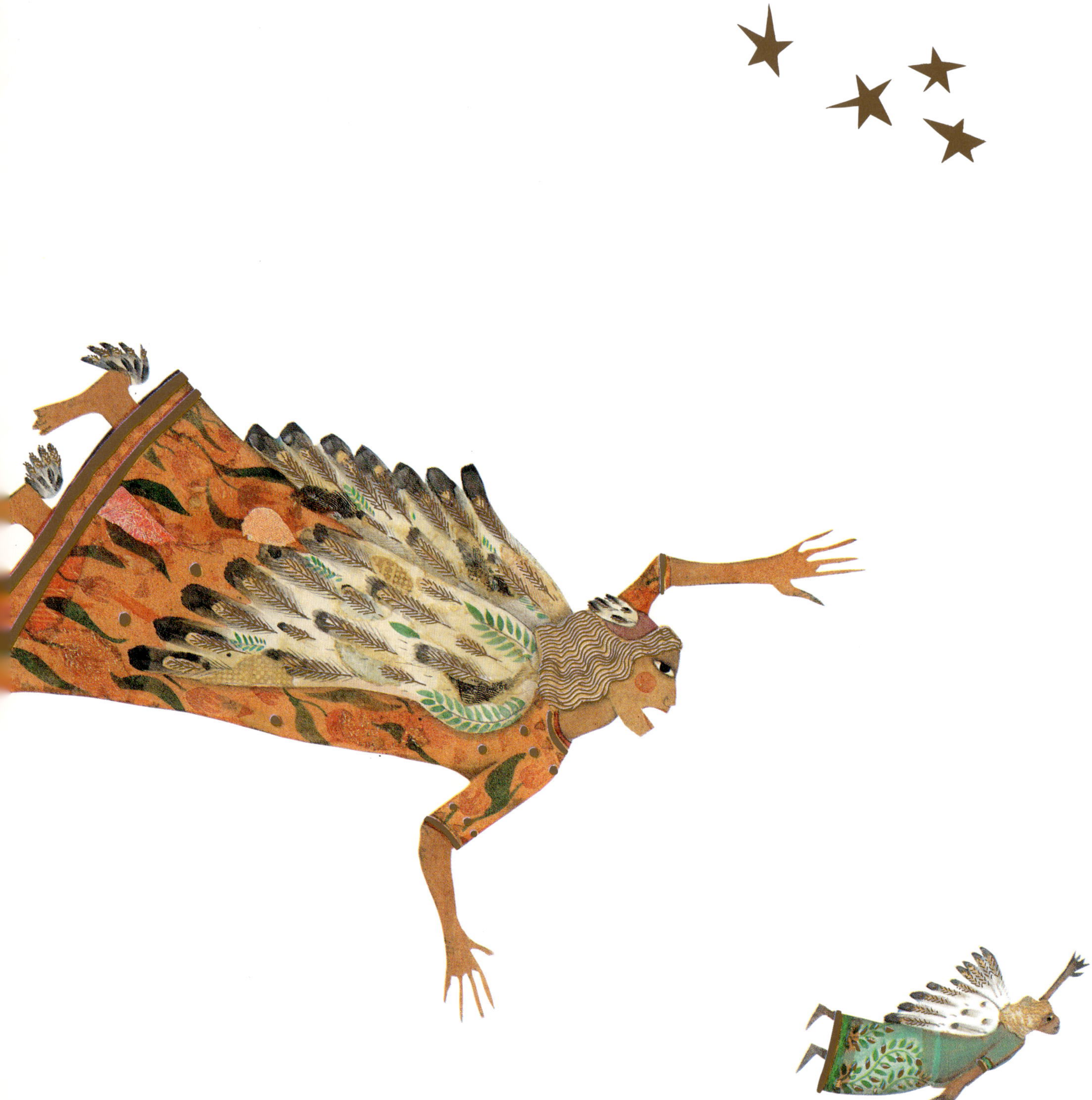

Het kind in de kribbe

Jane Ray

Uitgeverij Christofoor, Zeist

Derde druk 1997

ISBN 90 6238 494 3
Nederlandse rechten: Uitgeverij Christofoor, Zeist 1991
Tekst bewerkt door Jan van Marken, naar het evangelie volgens Lukas en Mattheüs
© Jane Ray 1991
Oorspronkelijke uitgave: *The Story of Christmas*
Oorspronkelijke uitgever: Orchard Books, London 1991

In de tijd dat Herodes koning van Judea was, leefde in Nazareth een jong meisje, Maria. Ze was de bruid van Jozef, de timmerman.

De engel Gabriël werd door God naar Nazareth gezonden, naar het huis waar Maria woonde. En de engel zei:
'Wees gegroet, Maria, gezegende onder de vrouwen.

God heeft u uitverkoren om de moeder van Zijn Zoon te worden. U zult een kind krijgen – een zoon, die u de naam Jezus zult geven.' Maria zei: 'Mij geschiede naar uw woord.'

Terwijl Maria wachtte op de geboorte van haar kind, ging er een bevel uit van Keizer Augustus, dat iedereen naar de stad moest gaan waar zijn familie vandaan kwam, om zich te laten inschrijven. Zo zou de keizer te weten komen hoeveel mensen er in zijn rijk woonden.

Toen zij in Bethlehem aankwamen voelde Maria dat haar kind weldra geboren zou worden. Maar er waren zoveel mensen naar Bethlehem

gekomen, dat er geen plaats meer voor hen was in de herberg.
Daarom mochten ze van de waard in de stal.

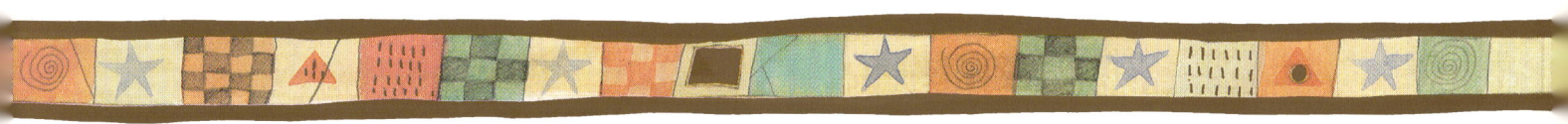

Het kind van Maria werd in de stal geboren.
Ze wikkelde hem in doeken en legde hem in de kribbe,
terwijl de os en de ezel toekeken.

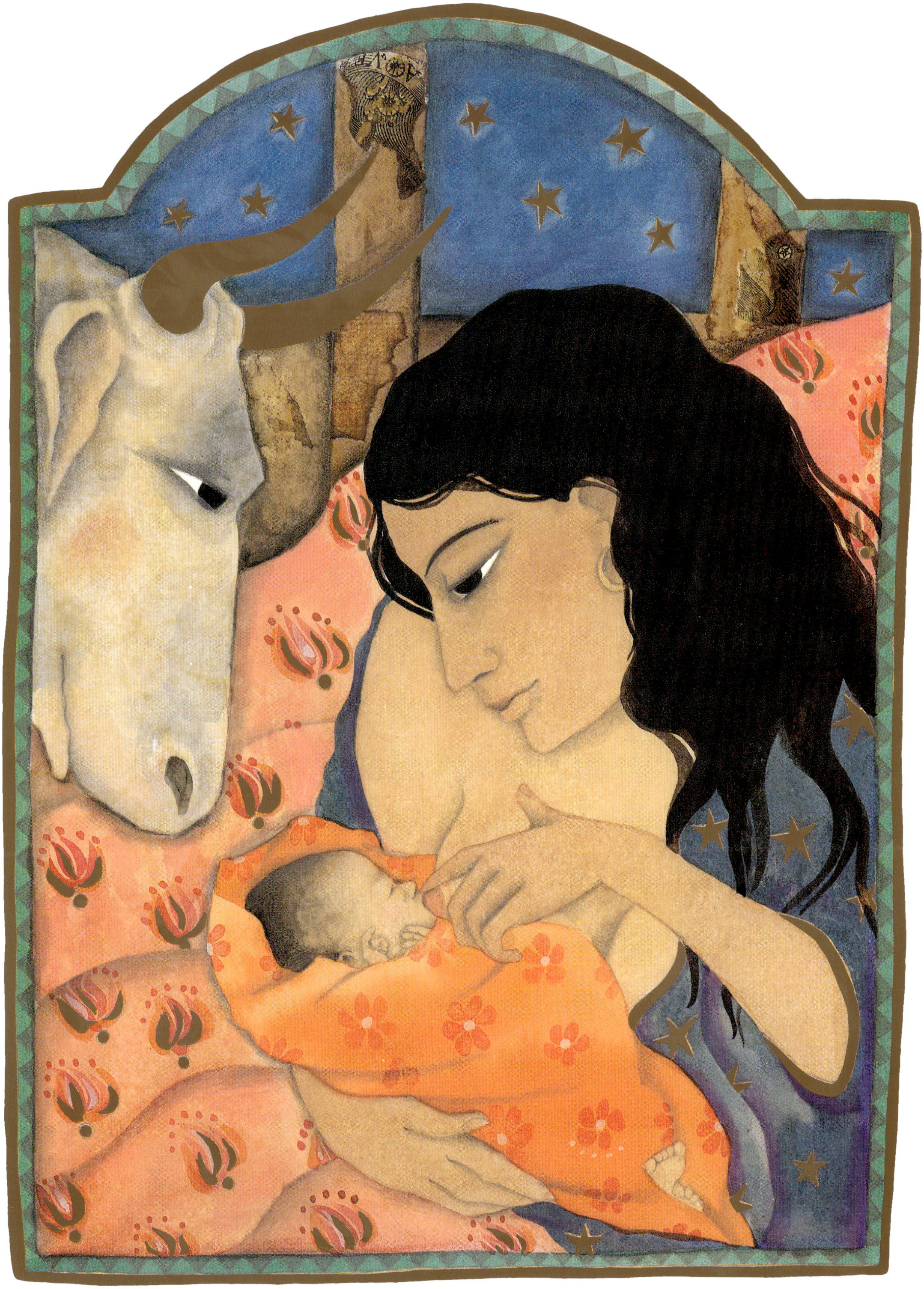

Die nacht hielden er herders op de velden rond Bethlehem de wacht over hun schapen. Er verscheen een engel, die zijn licht over hen liet stralen.
De herders beefden van angst, maar de engel stelde hen gerust.

'Wees niet bang. Ik breng jullie een blijde boodschap!
In Bethlehem is een kind geboren en dit kind is Christus de Heer.
Jullie zullen het vinden in een stal,
waar het gewikkeld in doeken in de kribbe ligt.'

En er verscheen een grote schare engelen,
die God prezen en zongen:

'Ere zij God in den hoge,
en vrede op aarde aan de mensen van goede wil.'

De herders lieten hun schapen achter op het veld. Haastig gingen ze naar Bethlehem. En daar vonden ze Maria en Jozef in een stal.

Ze knielden neer en gaven geschenken aan het kind in de kribbe: melk, meel en een jong lam.

De herders waren diep onder de indruk van het kind. En toen ze weer bij hun schapen waren, vertelden ze iedereen die het maar wilde horen, wat ze hadden gezien en gehoord. En vele mensen haastten zich naar Bethlehem om zelf naar het kind in de kribbe te gaan kijken.

Uit het verre morgenland kwamen drie wijze mannen, de koningen Kaspar, Melchior en Balthasar, die een heldere ster hadden gezien. De ster was voor hen het teken dat er in Israël een koning was geboren, die de koning der koningen zou zijn.

Na een lange reis over zeeën en bergen bereikten de koningen de stad Jeruzalem. 'Waar kunnen we de pasgeboren koning vinden?' vroegen ze overal in de stad. 'We hebben zijn ster gezien en zijn gekomen om hem te aanbidden.'

Koning Herodes schrok, toen hij hoorde dat er een koning was geboren, die machtiger zou zijn dan hij. Hij liet de wijze mannen naar zijn paleis komen.
Ze vertelden ook Herodes van de pasgeboren koning en hij zei:

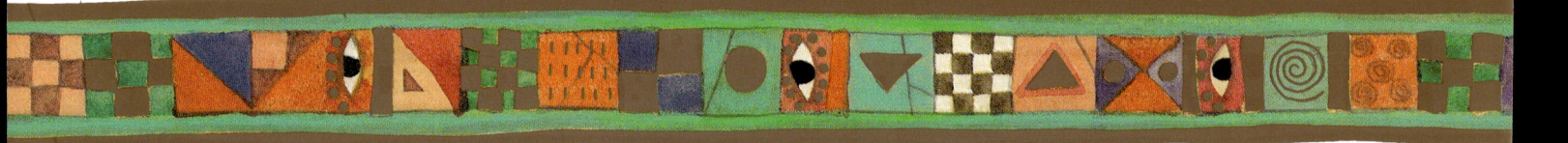

'Ga heen om het kind te zoeken. En laat het mij weten, als u het gevonden hebt. Dan kan ook ik naar het kind gaan, voor hem knielen en hem aanbidden.'
Maar Herodes had iets heel anders in de zin.

De ster straalde helder aan de hemel
en wees de wijze koningen de weg.

Plotseling bleef de ster staan boven Bethlehem,
waar de koningen het kind vonden.